AF284199

Was bleibt?

Ein Leben voller Fügungen – Adalbert Mischlewski

Bibliografische Information der Deutschen Nationalbibliothek:
Die Deutsche Nationalbibliothek verzeichnet diese Publikation in
der Deutschen Nationalbibliografie; detaillierte bibliografische
Daten sind im Internet über http://dnb.dnb.de abrufbar.

Herstellung und Verlag: BoD – Books on Demand,
Norderstedt

ISBN: 978-3-7528-5525-8

Was bleibt?

Ein Leben voller Fügungen – Adalbert Mischlewski

Berliner Jahre

*Die frühen 1920er-Jahre in Berlin. Womit hat
der kleine Adalbert Mischlewski seine Zeit verbracht?*

Meine erste Erinnerung ist die an meine
Spielecke in unserer Wohnküche. Dort hatte ich
einen eigenen kleinen Tisch, auf dem eine Land-
schaft mit kleinen – natürlich nicht angetriebe-
nen – Eisenbahnen stand. Zu Weihnachten kam
immer etwas Neues hinzu. Neue Menschen oder
Tiere zum Beispiel. Diese Spielecke wuchs sozusagen mit mir mit, sie war mein ganz persönli-
ches Reich. Im Frühling änderte sich dann alles.
Ich wollte hinaus in die Sonne und an der fri-
schen Luft spielen. Zum nächsten Weihnachtsfest
packten meine Eltern die Spielecke dann wieder
aus.

Sind Sie gerne nach draußen gegangen?

Auf jeden Fall. Im Hof konnte man gut spielen. Da gab es – obwohl mitten Berlin – einen
Springbrunnen und auch etwas Grün. Nicht weit
von uns, zu Fuß vielleicht eine Viertelstunde entfernt, gab es einen großen Volkspark. Da musste
ich oft mit meinem Vater spazieren gehen. Ich
sage ganz bewusst: musste, er war ein strenger
und ordnungsliebender Mann, der einst als Be-

rufssoldat diente. Ich konnte mich nicht einfach selbstständig machen und schmutzig zurückkommen. Alles, was ein Kind gerne gemacht hätte, war also bei diesen Spaziergängen undenkbar. Ich denke deshalb nicht gerne daran zurück. Ein fast schon stereotyper Satz meines Vaters war: „Komm' du mir mal nach Hause!"

Wo, wenn nicht bei solchen Spaziergängen, konnten Sie Ihre kindliche Neugierde stillen?

Das Schönste in der Volksschule war, dass ich lesen lernte. Ich habe alles Mögliche verschlungen. Bücher, Zeitungen, große Literatur – auch wenn ich in dem Alter von den Themen natürlich ziemlich wenig verstand. Darum ging es mir aber gar nicht. Ich wollte einfach nur lesen, lesen, lesen. Die Bücher waren in der Regel ältere Bücher aus der Vorkriegszeit. Aktuelle Kinderbücher kannte ich höchstens aus dem Schaufenster. Wegen der Inflation war das Geld knapp, oder besser gesagt: nichts mehr wert. Aber zumindest für den Staatsetat war die Inflation gut: Er konnte sich schnell entschulden.

Sie waren ein anstrengendes Kind?

Auf Widerstand war ich nicht programmiert. Wenn sich irgendwo Ärger abzeichnete, habe ich mich in aller Regel zurückgehalten. Anstrengend war ich wahrscheinlich auf eine andere Weise. Ich stellte meinen Eltern andauernd Fragen. Was um uns herum passierte, interessierte mich einfach unglaublich: Der Besuch des afghanischen Königs Amanullah Khan in Berlin war ein Spektakel für mich. Der Tod von Stresemann im Jahr 1929 ist meine erste tatsächliche politische Erinnerung. Bei solchen Gelegenheiten hörte ich mit dem Fragenstellen gar nicht mehr auf.

Wer war damals ihr Welt- und Werteerklärer – Mutter oder Vater?

Das waren beide. Meinem Vater waren Ordnung, Pünktlichkeit und Zuverlässigkeit sehr wichtig, da schlugen seine Jahre als Berufssoldat durch. Auch bei meiner Mutter standen diese Werte hoch im Kurs. Wahrscheinlich waren sie damals schlicht Bestandteil der kleinbürgerlichen Berliner Identität. Bei meiner Mutter kam noch eine starke Affinität zur Bildung hinzu.

Das hatte einen interessanten Hintergrund: Während des Ersten Weltkriegs arbeitete sie in einem Unternehmen, zuletzt sogar als Prokuristin. Eine Frau, die Prokura hatte, das war damals etwas Außergewöhnliches! Als sie mit mir schwanger war, hatte ihr Chef sogar gesagt: Ich zahle dem Kind den Kindergarten. Er wollte, dass meine Mutter möglichst bald wieder bei ihm arbeiten könnte. Sie blieb allerdings zuhause, weil ihr die Kinder einfach wichtiger waren.

Trotzdem war ihr beruflicher Werdegang für mein späteres Leben grundentscheidend. Sie wusste, welche Türen ein Abitur dem Berufsleben öffnen würde. Und deshalb setzte sie meine Anmeldung am Gymnasium gegen allerlei familiäre Widerstände durch. Das hatte mit einem meiner Onkel zu tun. Er war im Ullstein Verlag als Vertriebsleiter für sämtliche Zeitschriften im ganzen Reichsgebiet tätig, also in einer hohen Stellung. Bei meinen Eltern ließ er nicht locker, sagte, sie sollten doch den Adalbert auf keinen Fall aufs Gymnasium schicken. „Bringt ihn zu mir, ich kann ihn fördern – dann ist er schnell fertig und verdient gutes Geld."

Suchten Sie zuhause nach Antworten, die sie in der Volksschule nicht bekamen?

Vielleicht. Denn abgesehen vom Lesen lernen war die Volksschule ein Graus. Ich habe sonst nicht die geringste angenehme Erinnerung an diese Schulzeit. Der Lehrer war ein kleiner Sadist, der gerne prügelte. Er hatte großen Spaß daran, bei den kleinsten Kleinigkeiten zuzuschlagen. Manchmal packte er einen am Nacken und prügelte drauflos. Ich möchte das gar nicht im

Einzelnen beschreiben. Heute würden solche Leute sofort entlassen.

Warum waren solche Zustände damals normal?

Die meisten der damaligen Lehrer hatten Jahre in den Schützengräben des Ersten Weltkriegs verbracht. Das waren grobgeschnitzte, oft sogar grobschlächtige Kerle. Die Grundschule glich damals obendrein eher einer Erziehungsanstalt für patriotisches Verhalten denn einer Lehranstalt. Das hatte sicherlich auch historische Gründe. Schon bei Friedrich dem Großen schickte man die ausgedienten Korporäle in die Schule. Dort haben sie dann weitergeprügelt, wie sie zuvor Soldaten prügelten. Die Volksschullehrer wurden damals noch in sogenannten Lehrerbildungsanstalten ausgebildet. Das hatte doch mit einem Bildungsauftrag überhaupt nichts zu tun, abgesehen von der Vermittlung von Disziplin gab es nicht viel, was dort zählte.

Ein Teil des Problems war sicher auch, dass meine Schule eine reine Bubenschule war. Es gab keine Lehrerinnen, die wahrscheinlich einen gewissen Ausgleich bedeutet hätten. Prügel in der Schule waren fast schon ein gegebenes Naturereignis. Die allgemeine Sichtweise war: „Das hat doch noch keinem geschadet." Die größte Freude war für mich deshalb das Gymnasium. Da wurde nicht mehr geprügelt.

Weil es verboten war?

Ob dem so war, weiß ich gar nicht mehr so genau. Die Gymnasiallehrer waren deutlich gebildeter als ihre Kollegen auf der Volksschule. Deren „Waffe", wenn man es so nennen will, waren die Worte, war die Argumentation. Sie hatten einen ziemlichen Stolz, den Jugendlichen ernsthaftes – und auch humanistisches – Wissen zu vermitteln. Zuzuschlagen wäre schlicht unter ihrem Niveau gewesen, sie hätten sich wahrscheinlich dafür geschämt.

Bei der „Machtergreifung" der NSDAP waren Sie in der Mittelstufe. Wie lange dauerte es, bis sich in der Schule etwas änderte?

Es änderte sich erst einmal gar nichts. Zumindest nichts, was mir als Schüler irgendwie bewusst geworden wäre. Ich weiß gerade einmal von einem einzigen Lehrer, der Nazi war. Übrigens bin ich da kein Einzelfall. Marcel Reich-Ranicki beschreibt in seiner Autobiographie eine ganz ähnliche Situation. Man konnte die Affinität der einzelnen Lehrer zur Nazi-Regierung an der Art des Hitlergrußes vor der Klasse feststellen. Der richtige Hitlergruß war ja mit ausgestrecktem Arm. Das machte dieser eine, die anderen machten nur eine kurze Bewegung mit der Hand, bei der manchmal die ganze Ablehnung und Verachtung für diese Regierung mitschwang.

In welche Gefahr brachten sich die Lehrer damit?

Aus meiner Sicht hielt sich das in Grenzen. Und von uns Schülern hatte auch keiner etwas dagegen. Es ist ja nicht so, dass jeder, der nicht nachweislich im Widerstand war, für die Regierung gewesen wäre. Was einige Historiker in dieser Hinsicht behaupten, entspricht einfach nicht der Wahrheit. Bei offiziellen Anlässen hätten die Lehrer natürlich anders gegrüßt.

Aber im Unterricht biederte sich da keiner den Nazis an. Eher im Gegenteil: Zum Beispiel musste ein Französischassessor bei uns eine Lehrprobe abhalten. Dazu brachte er eine kleine Notiz aus einer französischsprachigen Zeitung mit. Er erklärte die unbekannten Wörter, dann wurde gelesen und hin und her übersetzt, wie man es halt in einer Lehrprobe so macht. Aber was war das für eine Nachricht? „Herr Hitler, um nicht aus der Übung zu kommen, hat wieder einmal eine Rede gehalten", fing sie an. Das hatte der Assessor natürlich mit unserem Französischlehrer abgestimmt. Bei einer Schule voller strammer Nazis wäre so etwas undenkbar gewesen.

Die Kunst bestand für einen Lehrer darin, seine Kritik so zu verpacken, dass man ihm gerade so noch nichts anhaben konnte. Wer schlau genug war, der wusste solche Sätze und Andeutungen auch zu verstehen. Man muss aber dazu sagen: Nur etwa vier Prozent eines Jahrgangs machten Abitur. Dieser Eindruck aus meiner Schule lässt sich deshalb kaum auf die ganze Gesellschaft übertragen. Die Finger der Nazis reichten eher auf anderer Ebene in die gymnasiale Oberstufe: Das ganze letzte Jahr war geprägt vom Fach Erbbiologie. Außerdem wurde im Fach Geschichte ausschließlich die Geschichte des Nationalsozialismus behandelt. Das begann mit dem erblindeten Hitler im Lazarett des Ersten Weltkriegs. Was für eine Selbstverliebtheit! Das empfanden wir als totlangweilig.

Und auch im Wortsinne tödlich.

Natürlich, das steht überhaupt nicht zur Debatte. Das erkannten wir aber zu dieser Zeit so noch nicht. Natürlich hörte man von Konzentrationslagern. Natürlich wussten wir, dass eine Inhaftierung dort alles andere als ein Ferienaufenthalt war, dass Leute dort zu sehr harter Arbeit gezwungen wurden. Und natürlich wusste die

Öffentlichkeit auch von furchtbar ungerechter Behandlung und Gesetzlosigkeit. Man muss aber unterscheiden zwischen den Konzentrationslagern der 1930er-Jahre und den systematischen Tötungen in den Vernichtungslagern, die im Jahr 1941 begannen.

Hätte man nichts ahnen können?

Diese Frage habe ich mir das ganze Leben gestellt. Zu sagen, im Nachhinein sei man klüger, darf jedenfalls nicht reichen. Der Weg von der Machtergreifung zum Völkermord ging über Jahre und in unzähligen Schritten.

Der sogenannte Röhm-Putsch im Jahr 1934 – den es ja nicht gab – war sicherlich ein einschneidendes Ereignis. Eines, bei dem man sich im Nachhinein fragen muss, ob die breite Öffentlichkeit da richtig reagierte. Diesen angeblichen Putschversuch nahmen die Nazis zum Anlass für eine wahre Säuberungswelle im politischen und administrativen Bereich. Erich Klausener zum Beispiel, den Leiter der Berliner Katholischen Aktion, erschossen die Nazis am 30. Juni 1934 an seinem Schreibtisch im Reichsverkehrsministerium. Warum? Er hatte eine Woche zuvor auf dem Märkischen Katholikentag die Kirchenpolitik der Nazis kritisch reflektiert. Es durfte nicht einmal eine Todesanzeige im Katholischen Kirchenblatt gedruckt werden. Was die Festigung der Macht der NSDAP angeht, so ist für mich dieses Jahr 1934 der Schlüssel.

War es damals schon zu spät für erfolgreichen Widerstand?
Ja und nein. Ich bin heute mehr denn je der Meinung, dass die hohe Ebene der Kirche die Geschehnisse viel deutlicher hätte ansprechen müssen. Ein einfacher Pfarrer wäre dafür im „KZ" gelandet, sang- und klanglos. Aber den Bischöfen hätten sie nicht so einfach etwas anhaben können.

Dem Papst schon gar nicht.
Das mag sein. Aber wir müssen uns vor Augen führen, dass wir das Jahr 1934 schreiben. Damals waren die Auswirkungen weit weniger klar, als das im Nachhinein den Eindruck macht. Der Papst wird die NS-Herrschaft erst einmal als ein deutsches Problem gesehen haben, für das zunächst die deutschen Bischöfe die richtigen Worte finden müssten. Das taten sie aber nicht. Genauso hätten die Universitäten etwas sagen können. Und das Militär, vor allem das Militär. Zwei Generäle wurden im Sommer 1934 – ähnlich wie Klausener – hinterrücks erschossen. Womöglich hätte es damals noch eine Chance

gegeben. Wenn die Eliten gemeinsam und klar gesagt hätten: Das war Unrecht!

Ein Zufall, dass die Justiz gerade nicht Teil Ihrer Aufzählung war?
Von der Justiz hätten wir nichts erwartet. Die Leute dort befanden sich schließlich im Staatsdienst.

Das taten die Generäle aber auch.
Wäre so etwas unter Friedrich dem Großen vorgekommen, hätten die Generäle ihren Abschied erklärt und gesagt: „Führe deine Kriege mit wem du willst, aber nicht mit uns!"

Warum haben sie das bei Hitler nicht gemacht?
Irgendwann war bei der Machtübernahme der Zeitpunkt gekommen, an dem die nötige Anzahl entscheidender Stellen im Staate mit treuen Gefolgsleuten besetzt war. Aber nochmals: Dass zwei Generäle – im Übrigen zusammen mit ihren Ehefrauen – einfach ohne irgendeinen Prozess oder Vorwurf erschossen wurden, das hätte das Militär nicht durchgehen lassen dürfen.

Konnte man zu dieser Zeit eine begründete Hoffnung haben, dass der Spuk bald vorbei sein könnte?

Nach Hindenburgs Tod – übrigens nur einen Monat nach dem „Röhm-Putsch" – wurde Hitler dann auch noch formell Staatsoberhaupt. Spätestens zu diesem Zeitpunkt war leider klar: Diese Regierung würde den Platz so schnell nicht räumen. Man versuchte, sich damit zu arrangieren. Man hoffte, dass am Ende alles nicht so schlimm werden würde. Aber dann kamen ein Jahr später die Nürnberger Gesetze. Nun hatte die NSDAP ihre Ideologie auch juristisch zementiert.

Warum war das europäische Ausland so unbeeindruckt?

Dort herrschte die völlig irrationale Hoffnung, dass die Deutschen – trotz aller Drohgebärden – sicher keinen neuen Krieg anfangen würden. Vielleicht dachte man, sie hätten nach dem Gemetzel des Ersten Weltkriegs und nach den wirklich harten Jahren danach erst einmal genug vom Krieg.

Noch etwas darf man nicht vergessen: Die Nazis präsentierten das Deutsche Reich bei den Olympischen Spielen 1936 in Berlin als ein gemäßigtes, ja fast weltoffenes Land. Da nahm man im Ausland zum Teil an: So schlimm wird es nicht werden. Vor diesem Hintergrund konnte Hitler dann den nächsten Schritt gehen. Er brachte Großbritannien und Frankreich im Jahr 1938 dazu, die Abtretung der Sudetengebiete von der damaligen Tschechoslowakei an das Deutsche Reich zu akzeptieren.

Kriegsjahre

Die Nazis haben mit den Reichstagswahlen im Jahr 1933 stets argumentiert, das deutsche Volk hätte sie gewählt.

Das stimmt nicht, das war nur in der Propaganda so. Das deutsche Volk hatte die NSDAP niemals mehrheitlich gewählt! 43,8 Prozent waren bei der letzten nur noch halbwegs freien Reichstagswahl für die Nationalsozialisten. Es hat eine andere Partei gebraucht, die mit ihnen koalierte und ihnen in den Sattel half. Das war die DNVP, die Deutschnationale Volkspartei. Tragischerweise hatte Hindenburg deshalb gar keine andere Möglichkeit als Hitler zum Reichskanzler zu ernennen. Andernfalls hätte er doch gegen die Verfassung verstoßen. Nach der Selbstauflösung der DNVP schlossen sich deren Reichstagsabgeordnete der NSDAP-Fraktion an. Wen wunderte das schon?

Um nochmal auf die Deutschen zu kommen: Selbstverständlich wussten die 43,8 Prozent, bei welchen Leuten sie da ihr Kreuzchen gemacht hatten. Wir hatten zuhause zum Beispiel die Märkische Volkszeitung, ein Nebenblatt der Zentrumszeitung „Germania". Auf der zweiten Seite gab es jeden Tag eine Rubrik, die sich sehr intensiv mit der Nazi-Propaganda beschäftigte.

Die Redakteure pickten immer bestimmte Behauptungen der Nazis heraus und machten sich daran, sie inhaltlich und historisch zu widerlegen. Meistens war diese Rubrik das erste, was ich las, sobald ich die Zeitung in der Hand hatte. Und ich weiß, dass viele andere Zeitungen – zumindest bis zur Reichstagswahl 1933 – ähnliche Rubriken hatten.

Aber reichte das für den Schluss auf die Entwicklung, die noch kommen sollte?
Dadurch, dass die Machtergreifung kein schneller, revolutionärer Umschwung war, konnte viel Zeit vergehen, bis die Nazis ihr wirkliches Gesicht zeigten. Sie machten es – aus ihrer Perspektive – geschickt: Erst ein Jahr nach der Machtergreifung begannen sie mit den internen Säuberungen. Bis dahin hatte sich die erste Aufregung längst wieder gelegt. Wieder ein Jahr später kamen die Nürnberger Gesetze und im Jahr 1935 die allgemeine Wehrpflicht. Im Jahr 1936 erfolgte der Einmarsch ins Rheinland. Das Jahr 1937 war eine Art Pause. 1938 folgte der Anschluss Österreichs an das Dritte Reich, etwas später die Angliederung der Sudetengebiete.

Nachdem sich diese Zäsuren auf fünf Jahre verteilten, fehlte das Moment für einen großen gesellschaftlichen und internationalen Aufschrei.

Ich bin mir sicher, dass die Geschichte anders verlaufen wäre, hätte alles innerhalb einiger Monate stattgefunden.

Deshalb bin ich heute auch gegenüber Leuten wie Recep Tayyip Erdoğan, dem türkischen Präsidenten, so skeptisch. Der Appetit kommt beim Essen. Auf Erdoğan projiziert heißt das: Mit Macht kommt die Lust auf noch mehr Macht. Das war auch bei der NSDAP so.

Am 1. September 1939 marschierte Deutschland in Polen ein. Wo waren Sie an diesem Tag?

Ich gehörte zu denen, die sich freiwillig zum Militärdienst gemeldet hatten. Das verdanke ich meinem Vater. Er verbrachte den Ersten Weltkrieg im Sanitätsdienst. Ich will gar nicht wissen, was er dort alles erlebte. „Melde dich freiwillig", sagte er. „Dann kannst Du Dir die Waffengattung aussuchen." Seiner Meinung nach gab es nichts Schlimmeres als bei der Infanterie zu landen: Ganz vorne mitten im Kampf – und ständig zu Fuß. Ich meldete mich zu den Luftnachrichten. Luftnachrichten-Funker waren nie direkt an der Front, sondern immer etwas zurückgesetzt. Wahrscheinlich war Vaters Penetranz meine Lebensrettung.

Überraschend kam der Angriff an diesem 1. September nicht. Wir wussten spätestens Ende

August, dass es bald in Richtung Osten gehen würde. Man schickt doch nicht einfach eine mobil gemachte Luftnachrichtentruppe mit ihrem gesamten Fuhrpark und aufgefüllt mit Reserveoffizieren zu Übungszwecken ein paar Kilometer vor die Grenze. Wer so etwas macht, der hat etwas vor – und das war den Älteren von uns auch sofort klar! Die berühmte Rede von Hitler im Reichstag, dieses „Seit 5.45 Uhr wird jetzt zurückgeschossen", haben wir gehört, da waren wir schon ein paar Stunden im Einsatz.

Die polnische Luftwaffe war innerhalb weniger Tage fast vollständig zerstört. Deshalb hatten wir dort keine Funktion mehr. Also ging es – eine Nacht Zwischenstopp in unserer alten Kaserne – an die dänische Grenze an die Nordseeküste.

Wie sah der Dienst aus?

Er war vergleichsweise ruhig. Der Funk- und Spähdienst musste Tag und Nacht laufen, denn mit Großbritannien befand sich Deutschland ja im Krieg. Unsere Aufgabe war es, von Westen kommende Flugzeuge möglichst frühzeitig zu melden.

Es gab damals noch kein Radar, zumindest nicht in einer Art, die für diesen Dienst brauchbar gewesen wäre. Am Tag benutzte der Späher die Augen. Wenn es bewölkt war oder in der

Nacht, die Ohren. Seine Beobachtungen telefonierte er an die Funkstelle, dann gingen seine Informationen an den nächsten Jagdverband und nach hinten an die Flak. Im Mittelpunkt stand eine Identifizierung, wie viele Flugzeuge kommen und wohin sie fliegen. Da war wirklich Konzentration nötig: Der eigene Sender war ja nicht immer der am besten zu hörende. Außerdem legten die Gegner Störsender auf die deutschen Frequenzen. Wenn der Dienst nach sechs Stunden zu Ende war, war man hundemüde. Und wenn wirklich einmal nichts zu tun war, setzte man uns bei den Bauern im Umkreis ein. Das war eine unglaublich harte Arbeit. Danach habe ich nicht mehr gewusst, wer ich bin, so hat alles geschmerzt. Ich war die schwere Arbeit schlicht nicht gewohnt. Aber der Einsatz hatte auch etwas Positives: Wir wurden bei den Bauern viel besser verpflegt als beim Militär. Wahrscheinlich habe ich diese Zeit deshalb gar nicht so sehr als Kriegszeit in Erinnerung. Abgesehen vom Muskelkater bei der Ernte waren die Monate dort oben eine geradezu ruhige Zeit.

Sie waren im Krieg und es gab keinen Krieg?
Das war für mich tatsächlich eine ganze Weile der Fall – zum Glück! Auch als wir dann im Jahr 1940 in die Normandie kamen. Dort war ich zwi-

schen Cherbourg und Le Harve eingesetzt, bevor ich von Arromanches an die Mittelmeerküste versetzt wurde. Es war wieder ein Fall, in dem ich unglaubliches Glück hatte: Arromanches lag genau dort, wo die Alliierten am 6. Juni 1944 ihre ganze Kraft daransetzten, einen Brückenkopf aufzubauen. Unsere Leute dort sind alle zerbombt worden, ganz egal ob Infanterie oder Luftnachrichten. Da war ich aber schon nach Südfrankreich versetzt.

In den Monaten zuvor hatte Stalin massiv Druck auf die Alliierten ausgeübt, im Westen eine zweite Front zu eröffnen. Wussten Sie, was bevorstand?

Ehe die Operation „Overlord" anlief, war ich im Stab des Jagdfliegerführers Süd, in der Nähe von Avignon. Dort gab es den berühmten Papstpalast, den ich unbedingt einmal sehen wollte. Immer, wenn ich frei hatte, kam irgendetwas dazwischen. Hier noch eine Aufgabe, dort noch etwas vorzubereiten. Irgendwann klappte es, ich setzte mich aufs Fahrrad und fuhr zum Palast. Als ich überwältigt zu meiner Einheit zurückkam, war schon Alarmstufe Eins ausgerufen, die höchste Stufe. Da wusste man, dass etwas bevorstand. Das rief man nicht so schnell aus – tatsächlich stand die Operation „Overlord" gerade unmittelbar vor ihrem Beginn.

Dass es langsam ernst würde, war uns aber schon lange vorher klar. Spätestens mit der Landung der Alliierten 1942 in Casablanca wussten wir: Wenn die einmal in Nordafrika gelandet sind, dann erobern sie erst die Gebiete dort – und kommen dann aufs europäische Festland. Wer das deuten konnte, der wusste: Jetzt ist Schluss, jetzt ist der Krieg nicht mehr zu gewinnen. Trotzdem dauerte es noch viel länger, als wir eigentlich gedacht hatten. Das mag auch an der Vorgehensweise der Amerikaner gelegen haben. Die gingen mit ihren Leuten wesentlich sorgsamer um als die Russen. Wenn es irgendwo Widerstand gab, nahmen die Amerikaner ihre Leute wieder zurück und schickten Flugzeuge. Die bombten und zerpflügten alles, dann probierte man es mit den Bodentruppen erneut. So einfach wollten die Amerikaner ihre Leute nicht opfern.

Warum haben dann trotzdem noch alle gekämpft?

Natürlich stellt sich diese Frage. Von außen betrachtet wird oft etwas übersehen: Wenn man gemeinsam mit Kameraden potenziell lebensgefährliche Situationen erlebt, wächst man zusammen. Kameradschaft ist gerade dann groß, wenn es ernst wird, wenn es vermeintlich aussichtslos ist. Außerdem blieb immer eine gewisse Resthoffnung, dass es vielleicht doch noch irgendwie anders kommen könnte. Dass es zumindest im Westen mit den Amerikanern, Engländern, Franzosen und Kanadiern einen Waffenstillstand geben könnte und man dann in welcher Weise auch immer gemeinsam gegen die Sowjetunion kämpfen würde. Jedem war schließlich klar, dass die Allianz zwischen den Westalliierten und der Sowjetunion eine Zweckallianz gegen das Deutsche Reich war, dass man aber sonst kaum Gemeinsamkeiten hatte.

Bei meinen Leuten war ein Graf Preysing. Den habe ich irgendwann einmal gefragt, ob er eigentlich mit dem Berliner Bischof Konrad Graf von Preysing verwandt sei. Da sagte er: „Ja, das ist mein Onkel." Dann war das sprichwörtliche Eis gebrochen. Wir haben beide gemerkt, dass wir offen miteinander sprechen könnten, was wir, wenn wir unter uns waren, auch taten. Wir waren uns einig, dass wir in diesem Krieg leider auf der falschen Seite stehen würden.

Es gab eine Menge Deserteure.
Und wie viele von denen sind standrechtlich erschossen worden? Die Meisten! Wenn ein Soldat nicht jemanden kannte, bei dem er Unter-

schlupf hätte finden können, war die Desertion unglaublich riskant. Vor allem in Südfrankreich. Es gab viele Franzosen, die der hitlerfreundlichen Regierung von Marschall Pétain näherstanden als der Résistance. Bei uns Offizieren kam noch etwas hinzu: Wir hatten doch eine Verantwortung für unsere Leute! Viele von ihnen waren blutjung, 18, 19 oder 20, die ohne fremde Hilfe keine Chance gehabt hätten. Sie hatten in ihrem bisherigen Leben lediglich gelernt, Befehle auszuführen. Ohne die Offiziere wären sie vollkommen verloren gewesen. Ich hatte sogar einen Soldaten in meiner Luftnachrichteneinheit, der weder lesen noch schreiben konnte. Da rannte man doch nicht weg und ließ die anderen sitzen! Was unser Umfeld angeht, so erledigte sich die Frage ohnehin bald von selbst.

Die Stunde 0

Irgendwann war Ihre Einheit ohnehin keine mehr?

Ja, Flieger oder Minen zerstörten die Funkwagen, einen nach dem anderen. Das hatte die Auflösung unserer Abteilung zur Folge. Ich hatte Glück, weil ich als Adjutant des Kommandeurs zu den Letzten gehörte, die zu anderen Einheiten kamen. Anfang Januar 1945, beim großen Einbruch der Russen im Osten, brauchte man dort alle Soldaten. Ich wurde zur Infanterie geschickt – erst zu einem Infanterieoffiziersleergang kommandiert. Dort unterrichteten uns erfahrene Ostfrontkämpfer. Es war also klar, an welche Front das Oberkommando der Wehrmacht uns zu schicken gedachte, an die Ostfront. Als der Lehrgang beendet war, stellte die Führung fest, dass ja nicht nur Offiziere für die Infanterie, sondern auch für die Artillerie benötigt wurden. Das zeigt, wie wenig organisiert die Wehrmacht Anfang 1945 noch war.

Schließlich gehörte ich zu jener Gruppe, die nach dem Infanterielehrgang noch in ein Artillerie-Übungslager geschickt wurde. Das war für mich eine neue Lebensversicherung: Es hielt mich wieder eine ganze Weile von der Front fern. Außerdem war die Artillerie deutlich interessanter – im Kern war das Physik und Mathematik. Ich kam also in eine Ausbildungsstätte, die südlich der Bahnlinie Prag-Pilsen lag. Letzter Tag des Lehrgangs sollte der 5. Mai 1945 sein.

Wir erhielten tatsächlich genau an diesem Tag unsere Bescheinigungen und warteten auf neue Befehle. Es hieß, das brauche noch ein paar Stunden, also ging ich in einen nahegelegenen Schreibwarenladen, weil ich noch irgendetwas – ein Heft wahrscheinlich – brauchte. Interessanterweise funktionierten die Geschäfte – übrigens auch die Gastwirtschaften – in dieser Gegend noch bis zum Kriegsende ganz nochmal. Auf dem Weg fiel mir schon auf, dass an den Haustüren immer kleine Grüppchen standen und sich unterhielten. Das war auffällig, denn der 5. Mai 1945 war ein Werktag. Warum hatten sie wohl nichts zu tun, fragte ich mich? Wieder zurück riefen meine Kameraden dann: „Mensch, Gott sei Dank, dass du wieder da bist!" Das war jener Tag, an dem der Aufstand im damaligen Protektorat Böhmen und Mähren ausbrach.

Dann kam der 8. Mai 1945.

Zunächst wollten wir möglichst weit in Richtung Westen kommen. Noch am Abend dieses 5. Mais verließen wir das Lager in Kolonne durch den Hintereingang. Durch die Wälder ging es immer weiter nach Westen, wir wollten uns natürlich lieber vom Amerikaner gefangen nehmen lassen als von den Russen. Wir sind dann die ganze Nacht hindurch bei strömendem Regen durchmarschiert. Soldaten hatten damals keinen Regenschutz. Die dicken Militärmäntel saugten sich schnell voll und wurden schwer. Die Nässe ging langsam durch bis auf die Haut.

Am nächsten Tag sind wir weitermarschiert. Wenigstens hat irgendwann dieser schreckliche Regen aufgehört. Am Nachmittag waren wir am Ende des Waldes angelangt, also machten wir Halt. Wir warteten, bis es dunkel wurde. Dann hieß es weitermarschieren, wieder Regen, gegen zwei Uhr waren wir völlig erschöpft. Alle haben sich auf den Waldboden gelegt und sind sofort eingeschlafen. Am Morgen waren wir amerikanische Gefangene. Wie sich herausstellte, hatten sie mit Flugzeugen unseren ganzen Weg verfolgt – wir hatten das allerdings nicht gemerkt.

Auf dem Weg ins Gefangenenlager – eine mit Zaun eingefasste Wiese – kamen wir natürlich durch tschechische Dörfer durch. Wie haben die getobt und uns angespuckt! Ich kann mich nicht erinnern, jemals wieder eine so wütende Menge gesehen zu haben. Wenn die Amerikaner da nicht vorsorgend gewesen wären: die Tschechen hätten uns umgebracht! Unsere Offiziere und Feldwebel durften ihre Pistolen behalten. Jedem vierten oder fünften Mann ließ man auch noch den Karabiner. Dadurch hat uns keiner der Tschechen etwas getan.

War es nicht riskant, Gefangenen Waffen zu belassen? Woher wussten die Amerikaner, dass keiner von den deutschen Soldaten einen Befreiungsversuch starten würde?

Den Amerikanern war doch glasklar, wie unglaublich froh wir waren, dass sie uns gefangen genommen hatten und nicht die Russen. Einen Tag später kam dann die Information: Der Krieg ist zu Ende.

Was überwog: Frohsinn oder Traurigkeit?

Für mich war das Großartigste, frei und offen sprechen zu können. Und natürlich begannen dann die Diskussionen: Wie konnte es dazu kommen? Wie konnte das deutsche Volk das mitmachen? Die jungen Leute kannten es ja gar nicht anders. Aber bei uns Älteren, die noch das Ende der Weimarer Republik erlebt hatten, war diese Frage ein großes Thema. Wie konnte dieses Regime eine solche Macht erringen?

Wann haben Sie vom Holocaust erfahren?

Die ersten Schreckensbilder waren die Fotos der Verhungerten und Ausgemergelten in den Konzentrationslagern und die Knochenreste und Schädel. Das war kurz nach Kriegsende. Wir wussten von Anfang an, dass die Menschen in den Konzentrationslagern einen vollkommen rechtlosen Status hatten. Töten durch Arbeit, das konnte man sich vorstellen. Industrieller Mord in Gaskammern, das war für uns eigentlich undenkbar – aber im Sommer 1945 gab es daran keinen Zweifel mehr. Wovon wir allerdings schon während des Krieges wussten, war die Euthanasie, die Ermordung Behinderter.

Hatten Sie jüdische Freunde?

Am Gymnasium hatte ich einen Mitschüler aus Dänemark, der Jude war, mit dem war ich etwas befreundet. Nach dem Abitur 1938 hörten wir nichts mehr voneinander. Natürlich hoffte ich, dass er noch irgendwie aus Deutschland hatte fliehen können. Aber man musste tatsächlich damit rechnen, dass er umgekommen war. Meine leise Hoffnung war, ob er nicht vielleicht wieder nach Dänemark und von dort aus nach Schweden gekommen wäre. So war es dann auch, er ist auf einem Fischerboot geflohen.

Woher wissen Sie das so genau?

Vor einer Weile bekam ich Post von einer Lehrerin meiner alten Schule in Berlin. Sie hatte dort gerade ein Geschichtsprojekt gestartet, schrieb sie. Dabei sollten Schüler die Lebensläufe von früheren jüdischen Mitschülern ihrer Schule nachzeichnen. Ob ich Wolfgang Goetz kenne? So hieß derjenige, von dem ich gerade erzählte.

Und dann?

Schließlich bin ich mit meiner Frau im Sommer 2017 nach London geflogen. Nach 79 Jahren sahen wir uns wieder! Niemand hätte das mehr für möglich gehalten. Wolfgang war klug genug, sich gleich nach dem Abitur 1938 nach Dänemark abzusetzen. Die gesamte Familie konnte folgen. Als die Nazis dann auch in Dänemark nach Juden suchten, flohen sie alle weiter nach Schweden. Nach dem Krieg arbeitete Wolfgang für die Briten in Deutschland. Schließlich ging er nach London, wo er seither lebt.

Er hatte auch noch in einer anderen Sache Glück: Dass er überhaupt noch das Abitur machen konnte. Sein jüngerer Bruder, so erzählte er mir, sei in seiner Klasse im Jahr 1938 von Mitschülern dermaßen gemobbt worden, dass er damals die Schule verließ – es war besser für ihn. Das bedeutete das Ende seiner schulischen Ausbildung. Keine Schule nahm zu dieser Zeit noch jüdische Schüler auf.

Nach dem Krieg verschlug es Sie nach Memmingen.

Als ich in der Normandie stationiert war, habe ich mich mit einem Flaksoldaten angefreundet. Bald merkten wir: Wir denken ähnlich. So blieben wir in Kontakt. Irgendwann kam er zur Flak nach München. Immer, wenn ich später von Frankreich in den Heimaturlaub nach Berlin fuhr, trafen wir uns in München. Irgendwann verloren wir den Kontakt, weil wir beide zu neuen Einheiten kamen und deren Feldpostnummern nicht kannten. Durch Zufall trafen wir uns auf dem Infanterielehrgang in Grafenwöhr wieder. Das war eine Freude!

Wir sollten beide zum Infanterieoffizier ausgebildet werden, er vom Flakoffizier, ich vom Luftnachrichtenoffizier. Er gab mir die Adresse seiner Eltern und sagte: „Wenn der Krieg zu Ende ist, kannst du nicht nach Berlin, die Russen schicken dich doch sofort nach Sibirien. Also: Wenn der Krieg aus ist, dann kommst du zu mir nach Memmingen und wir werden sehen, wie sich die Dinge entwickeln." Man wusste damals bereits, dass Memmingen in der amerikanischen Besatzungszone liegen würde.

Aber erst einmal ging es in die Gefangenschaft. Auf der Wiese gruben wir uns Erdlöcher und spannten unsere Zeltplanen darüber. Die Verpflegung war miserabel. Aber nicht, weil die Amerikaner nicht wollten. Der Nachschub kam einfach nicht nach. Das war verständlich: Auf einmal hatten sie zusätzlich zu ihren eigenen Leuten ein paar hunderttausend Gefangene zu versorgen. Morgens gab es – sogar richtigen – Kaffee, mittags eine schmale Konservendose Suppe, in der vielleicht ein paar Erbsen schwammen, und abends ebenso, dazu täglich zwei Scheiben Kommissbrot. Das schmeckte alles gut, sättigte aber leider nicht. Wir waren kraftlos und erschöpft und lagen deshalb in unseren Erdlöchern herum. Und wenn man aufstand, dann drehte sich alles vor den Augen.

Es muss circa zwei Wochen nach der Gefangennahme gewesen sein, als der Lagerkommandant vor uns trat. Das Lager würde aufgegeben, die Gegend läge schließlich in der sowjetischen Einflusssphäre. Die Russen fuhren auch schon mit ihren Jeeps durch die Lagerstraßen, zählten uns und schrieben auf, wie viele wir waren. Sie wollten das Lager und uns Gefangene natürlich gerne übernehmen und bereiteten schon alles zur Übernahme vor. Wir wähnten Böses. Zu unserer absoluten Überraschung sagte der amerikanische

Kommandant: „Sie können entlassen werden. Aber nur diejenigen, die aus der amerikanischen Besatzungszone stammen." Natürlich kamen wir alle plötzlich aus der amerikanischen Besatzungszone. Selbstverständlich wussten die Amerikaner, dass das nicht stimmen konnte. Aber sie akzeptierten alle Adressen.

Warum diese Großzügigkeit?

Ich kann nur mutmaßen: Der Krieg war zu Ende, jeder hatte genug von all dem Leid. Warum hätten sie uns zu den Sowjets nach Sibirien schicken sollen? Was wäre ihr Nutzen gewesen? Außerdem zeichnete sich ja schon längst der Beginn des Kalten Kriegs ab – und viele Amerikaner hatten schließlich deutsche Vorfahren. Das waren alles Gründe, warum sie die Russen nicht auch noch mit Arbeitskräften versorgen wollten.

Die Amerikaner haben uns sogar mit ihren Trucks in Richtung Heimat gefahren. Es ging von Böhmen über Passau, Salzburg, München, Augsburg, Ulm – dort stieg ich aus für Memmingen – nach Würzburg. Sie gaben uns sogar noch Verpflegung mit, nicht viel, aber immerhin etwas. Was für ein unglaubliches Glück auch das wieder war: Ich hatte noch im Mai 1945 amerikanische Entlassungspapiere in der Hand. Für viele begann zu dieser Zeit gerade die Fahrt in russische

Arbeitslager. Es dauerte Jahre, bis die ersten wieder zurückkamen.

Memminger Jahre

Sie waren zwar nicht zu Hause, aber doch ein freier Mann.

Erst einmal wurde es nochmal spannend: Die Trucks waren in Ulm gerade abgefahren, da lief ich prompt einer amerikanischen Militärpolizeistreife in die Arme. Ich trug ja noch die Wehrmachtsuniform. Sofort wurde ich wieder verhaftet. Die Entlassungspapiere habe ich zwar gezeigt, aber man traute den Papieren nicht. Die Militärpolizisten hielten den Schein für gefälscht. Im Stabsquartier recherchierte dann ein Offizier. Irgendwann sagte er: „OK, das hat seine Richtigkeit." Als ich dann hinauskam, haben mich ein paar Ulmer sofort in ihre Wohnung gezogen und mir einen Mantel zum Überziehen gegeben. Und an der Uniform haben wir die Rangabzeichen entfernt. Mit Militärmänteln ohne Abzeichen sind die Leute noch jahrelang herumgelaufen, denn sie waren von guter Qualität.

Schließlich nahm mich jemand mit seinem leeren Milchtransporter nach Memmingen zu der Adresse meines Freundes mit. Ich war früher dort, als er. Gott sei Dank hatte er seinen Eltern Bescheid gegeben, dass ich vielleicht käme. Dort war ich jedenfalls erst einmal versorgt – und

mein Freund kam ein paar Wochen später ebenfalls nach Hause.

Wie sah der Alltag aus?
Damit ich wenigstens wieder ein paar Pfenni-
ge in die Hand bekäme, suchte ich eine Arbeit.
Die Eltern des Freundes vermittelten mich an
eine Gärtnerei. Das ging sehr schnell, weil es
überall an Arbeitskräften fehlte.

*Für Ihr restliches Leben war der Orden der
Antoniter prägend, der schließlich zur Grafinger
Städtepartnerschaft mit St. Marcellin führte.
Warum hängt das mit Memmingen zusammen?*
Wo immer ich Besatzer war, habe ich mich
sehr für die Geschichte der Orte interessiert. Also
sah ich mich auch in Memmingen um. Irgendwie
erfuhr ich von den Antoniusbrüdern, Memmingen war eine der Generalpräzeptoreien des Ordens, man könnte sagen: ein regionales Verwal-
tungszentrum. Vorher hatte ich von alldem noch
nichts gehört, also informierte ich mich im Stadt-
archiv. Je mehr ich mich mit dem Thema beschäftigte, desto interessanter wurde es.

Was war das für ein Orden?
Im Kern ging es um die Pflege von am Anto-
niusfeuer erkrankten Menschen. Diese durch das

Mutterkorn, einen Pilz, hervorgerufene Krankheit war im Mittelalter in Europa weit verbreitet. Oft blieb nur die Amputation von Gliedmaßen. Die Antoniter sammelten in der Bevölkerung Geld und Naturalien und versorgten damit die Kranken. In ihren Hospitälern kümmerten sich Ärzte um sie. Das geschah über ein Netzwerk, das sich über weite Teile Europas erstreckte. Wer wollte, konnte auch bei den Antonitern bleiben und arbeiten bis zum Lebensende. Wenn jemand etwa nur noch einen Arm hatte, dann wurde er eben für Botengänge oder Ähnliches eingesetzt.

Ein Orden als erste europäische Idee?

So könnte man es tatsächlich sehen. Landesgrenzen spielten zunächst einmal keine Rolle. Mit dem Orden gab es schon im 14. und 15. Jahrhundert etwas grenzüberschreitend Europäisches, während sich Staatsgrenzen durch Erbfolge oder Kriege ständig verschoben. Interessanterweise gab es damals schon etwas, was leider heute noch immer eine schlechte Eigenschaft Europas ist, eine Art Nationalismus. Wenn ein Antoniterhaus zum Beispiel in Lichtenberg in der Nähe von Torgau sammelte, durfte der dortige Generalpräzeptor sie nicht einfach in andere Länder transferieren. Die Landesherren wollten den Abfluss von Waren oder Geldern verhindern.

Heute nennt man das Außenhandelsdefizit. Es waren also schon damals ganz handfeste weltliche und ökonomische Interessen im Spiel.

Warum ist dieser Orden so unbekannt?

Die große Stärke des Ordens war gleichzeitig seine Schwäche: Die Antoniter hatten sich auf die Pflege einer einzigen Krankheit spezialisiert. Als die Krankheit zurückging, weil sich die Lebensbedingungen und die Ernährung verbesserten, war auch die Notwendigkeit der Spitäler nicht mehr gegeben. Im Jahr 1776 wurde der Orden vom Papst Pius VI. in den Malteserorden inkorporiert.

Wenige Jahre später, 1793, wurden während der Revolution in Frankreich alle geistlichen Einrichtungen säkularisiert. In Ost- und Nordeuropa verschwanden andere Häuser schon früher, nämlich nach der Reformation. Diese Reformation sah die Art der Heiligenverehrung der Antoniter höchst kritisch: Sie assoziierte, dass der heilige Antonius nicht nur Krankheiten heilen, sondern sie auch als Bestrafung einsetzen könne: Für diejenigen, die ihn nicht ausreichend verehrten oder nicht genug spendeten. Diese Art der Heiligenverehrung betrachteten die Reformatoren zu Recht als vollkommen unchristlich.

Was war das Interessante an der Erforschung dieses Ordens?

Das Faszinierende für mich war, dass es dabei um richtige Grundlagenforschung ging. Als ich anfing, gab es ja noch nicht einmal ein Verzeichnis, wer in welcher Niederlassung wann als Leiter tätig war. Dann sind da die vielen Schnittstellen zu anderen Wissenschaften, vor allem den Sozialwissenschaften und der Medizin. Mit am beeindruckendsten fand ich: Man kann auch an diesem Orden sehr deutlich sehen, wie sich schon im späten Mittelalter über Jahrhunderte gewachsene und funktionierende kirchliche Strukturen auflösen.

Zunächst war es zum Beispiel eine Selbstverständlichkeit, dass der Abt die Generalpräzeptoren ernannte. Anfang des 15. Jahrhunderts begann der Papst Generalpräzeptoren zu berufen. Es kam also Politik ins Spiel. Im Memmingen zum Beispiel gab es in den Jahren 1479/80 einen Fall, da wurde die Stelle des Generalpräzeptors innerhalb weniger Tage dreimal vergeben – einmal vom Abt und sogar zweimal vom Papst. Um die Wende vom 15. zum 16. Jahrhundert kommt hinzu, dass sogar der Kaiser oder der Landesherr Stellen bei den Antonitern besetzten. Ohne diese und ähnliche Voraussetzungen – auch in anderen

Orden – hätte sich die Reformation kaum so schnell durchgesetzt.

Warum gab es vor Ihnen keine Wissen-schaftler, die sich der Erforschung des Ordens widmeten?

Ein eigenartiges Phänomen: Erst 1849 ist der Letzte, der noch als Kranker in St. Antoine behandelt wurde, als alter Mann gestorben. Dennoch herrschte wissenschaftliche Ebbe. Und auch die Franzosen – obwohl Frankreich Heimatland des Ordens ist – fingen erst in der zweiten Hälfte des 19. Jahrhunderts an, sich umfassend mit der Antoniter-Geschichte zu befassen. Aber es war eine Geschichte mit Lücken.

Erst Anfang des 20. Jahrhunderts kommt mit dem französischen Abbé Maillet-Guy der erste tatsächliche Antoniterforscher ins Spiel. Er plante, eine allgemeine Geschichte des Ordens zu schreiben, und zwar bis zum Jahr 1316, dem Todesjahr des ersten Abtes. Für dieses Vorhaben hatte er 1937 schon die Subskriptionseinladungen ausgegeben. Dann kam aber der Krieg. Über sein Erbe kamen viele der Schriften an einen Stadtarchivar in Metz. Dort versandeten seine Arbeiten allerdings. Heute befinden sie sich im Besitz des Museums von St. Antoine.

Für mich war die Forschung nicht nur persönlich bereichernd – sie hat mich auch wirklich durch Europa geführt. Einmal, wenn es um die Recherchen ging. Ein andermal zu verschiedenen Vorträgen – etwa nach Frankreich, Italien, Österreich, die Schweiz oder Spanien.

Was steht heute im Mittelpunkt der Forschung?

Die Grundlagenforschung ist noch immer ein großes Thema. Es wäre zum Beispiel dringend nötig, dass wir über einzelne Antoniter-Häuser eine einwandfreie Geschichte bekämen. Allein damit könnte sich eine ganze Forschergeneration beschäftigen. Ich fand im Memminger Archiv auch Urkunden, die andere Präzeptoreien betrafen. Jemand, der an diesen Präzeptoreien forscht, weiß also nichts von diesen Quellen, die für ihn sehr interessant wären. Andere Urkunden wiederum sind nicht vom Abt, sondern vom Gegenabt aus Neapel unterzeichnet. Über die damit verbundenen Wechselwirkungen ist in der Forschung wenig bekannt. Heute finden die Universitäten für solche Themen nur noch schwer Interessenten.

Warum?

Diese Frage habe ich mit einem Professor aus Köln erörtert. Er sagte, bei den jungen Historikern bestünde vor allem an der Neuzeit Interesse. Teilweise kann ich die Gründe nachvollziehen: Wer mittelalterliche Themen bearbeiten will, muss in der Regel mit den Originalen arbeiten. Dafür braucht es paläographische Kenntnisse, damit man die Schrift überhaupt lesen kann. Dann gibt es, weil die Schreibmaterialien teuer waren, ein umfangreiches Abkürzungswesen. Entweder muss man die Abkürzungen beherrschen oder das Standardwerk dafür neben sich liegen haben. Zusätzlich muss man sich in der Chronologie auskennen. Da wird zum Teil nach der römischen Zeitrechnung datiert, zum Teil auch nach den Regierungsjahren der Päpste und weltlichen Herrscher. Es sind also gute Kenntnisse der Grundwissenschaften nötig. Die Studenten schrecken aber doch heute schon Tagebücher in Sütterlinschrift ab.

Wenn Sie Registerbände von 300 Seiten aus dem 15. Jahrhundert durchschauen, dann ist das eine selbstlose Arbeit – es gibt nicht einmal Inhaltsverzeichnisse. Sie müssen Seite für Seite durchlesen, beziehungsweise geschickt überfliegen. Das geht halt nicht so schnell wie die Protokolle vom Versailler Vertrag.

Bildungs- und Forschungsjahre

Im Herbst 1945 schrieben Sie sich an der Münchner Ludwig-Maximilians-Universität ein. Warum nicht zuhause in Berlin?

Berlin hätte ich natürlich bevorzugt – ich war ja lange genug nicht in meiner Heimat. Meine Eltern lebten schließlich weiterhin in Berlin. Aber die Humboldt-Universität zu Berlin nahm mich nicht. Als Kriegsoffizier hatte man da keine Chance, die Universität war bereits fest in kommunistischer Hand. Und die Freie Universität Berlin gab es damals noch nicht. In München konnte ich mich dagegen sofort einschreiben.

Hier ging man nach dem Anciennitätsprinzip vor: Die älteren Jahrgänge durften sich zuerst inskribieren. Aber viele Abweisungen dürfte es gar nicht gegeben haben. Die meisten jungen Männer befanden sich noch in Kriegsgefangenschaft. Bedingung für den Studienplatz waren einige Wochen Trümmerarbeit. Im Wintersemester 1945/46, das aber genau genommen erst im Januar 1946 startete, begann ich mit dem Studium von Geschichte, Englisch und Französisch.

Wie waren die Professoren?

Sie waren vor allem sehr froh über das aufgeschlossene Publikum. Wir waren doch nach all den Jahren im Krieg wie ein trockener Schwamm, der alles Wissen regelrecht aufsaugte. Dadurch konnte ein sehr offenes Verhältnis entstehen. Wer zum Beispiel noch etwas wissen wollte, ging nach der Vorlesung einfach zum Professor. Da konnten sich noch richtige Gespräche entwickeln. Professor Heinrich Günter, der Mediävist, ist mir besonders in Erinnerung geblieben, weil er mir – ich weiß nicht, wie wir darauf kamen – sein Exemplar der historisch-kritischen Ausgabe von Rankes „Geschichte der Reformation" ausgeliehen hat. Das war ein absoluter Vertrauensbeweis. Woher wollte er wissen, dass ich es ihm tatsächlich wiederbringe?

Ein anderer Professor, der sich mir besonders eingeprägte, war Professor Franz Schnabel. Die Nazis hatten ihm schon im Jahr 1936 den Lehrstuhl in Karlsruhe entzogen und er musste sich als Privatgelehrter durch den Krieg schlagen. Er war der erste Historiker, der bei der Geschichte des 19. Jahrhunderts nicht nur die politischen, gesellschaftlichen und religiösen Kräfte, sondern auch die Naturwissenschaften aufnahm. Nach dem Krieg stand Schnabel vor der Wahl, an seinem Lebenswerk, der Geschichte des 19. Jahrhunderts weiterzuschreiben, oder lieber für die Studenten da zu sein. Er entschied sich für Letzteres. Wenn man bei ihm in der Sprechstunde saß, schaute er nie auf die Uhr. Er nahm sich Zeit, bis die Sache geklärt war – und stellte auch ernsthaft interessiert persönliche Fragen. Das war sehr unüblich.

Wenn alles zerbombt war – wo wohnten Sie?
Gemeldet war ich nach wie vor in Memmingen, wo ich auch die meisten Wochenenden verbrachte. Außerhalb der Großstädte war die Versorgungslage generell etwas besser. In München lief noch alles ausschließlich über Lebensmittelmarken.

Meine erste Münchner Unterkunft wies mir das Wohnungsamt zu. Ich wurde einer sehr netten Familie in einem Einfamilienhaus in der Nähe des Waldfriedhofs zugewiesen. Bald kam aber der Mann aus dem Krieg zurück. Dann waren sie genug Personen für die Größe des Hauses, um niemanden mehr aufnehmen zu müssen. Mir wurde dann eine andere Wohnung zugeteilt, wo mich genau das Gegenteil erwartete: Das Ehepaar war geradezu wütend, weil man ihnen jemand in die Wohnung setzte. Und dann auch noch einen Preußen! Das ließen sie mich bei jeder Gelegenheit spüren.

Später gab es dann erneut eine glückliche Fügung: Irgendjemand erzählte mir an der Universität, dass eine Engländerin aus der Giselastraße, also ganz nah an der Universität, noch eine Person aufnehmen müsse. Die Sache klappte. Einen kleinen Haken hatte sie zwar: Das Zimmer war nur eine kleine Kammer, in die nicht einmal ein Schrank passte und in der es auch keine Heizung gab. Ein Bücherbord, zwei Kleiderhaken – das war's. Mein Memminger Freund trieb als Heizung einen alten Bügelofen auf und schaffte ihn mit List und Tücke nach München. Dort verbrachte ich den letzten Teil des Studiums, das eine immer angenehmere Zeit wurde. Die Verhältnisse besserten sich mit den Jahren, vor allem nach der Währungsreform 1948.

Warum blieben sie nach dem Studium nicht an der Universität?

An eine wissenschaftliche Universitätskarriere dachte ich überhaupt nicht. Etwa ein, zwei Jahre nach dem Abschluss schrieb ich mich noch einmal ein: an der theologischen Fakultät. Mein Plan war, in die Seelsorge zu gehen. Natürlich nutzte ich die Zeit, um mir noch ein paar historische Vorlesungen anzuhören. Parallel dazu forschte ich an den Antonitern weiter. Das hätte ich gerne auch nach dem Theologiestudium mit einer ernsthaften Perspektive gemacht – aber mein Bischof ließ mich nicht promovieren.

Mein zweiter Professor in der Kirchengeschichte, Professor Hermann Tüchle, wusste zwar von meinen Plänen. Leider kam er überhaupt nicht auf die Idee, mit dem Bischof zu reden: „Ich habe da einen Mann, der arbeitet an einem kirchenhistorischen Thema, das noch gänzlich unbearbeitet ist." Bei einem Bischof hätte das Wort eines Professors mit Sicherheit großes Gewicht gehabt. Es verging also einiges an Zeit, ich war mittlerweile in der Seelsorge in Hinterstein bei Hindelang, da rief mich Professor Tüchle an, ob ich ihn nicht in der Woche nach Ostern zur Jahrestagung der Gesellschaft für mittelrheinische Kirchengeschichte nach Mainz fahren könne. Mein Seelsorgebezirk im Allgäu war so groß, dass ich als einer der wenigen damals ein Auto fuhr.

Von dieser Gesellschaft hatte ich zwar noch nie etwas gehört, aber warum sollte ich ihn nicht hinfahren? Später stellte sich die Entscheidung als großes Glück heraus. Denn auf diese Weise lernte ich Johannes Emil Gugumus kennen, der als Professor an einer Hochschule tätig war. Ein gemütlicher Rheinländer, mit dem ich mich auf Anhieb sehr gut verstand. Ich nahm seither regelmäßig an Tagungen dieser Gesellschaft teil. Auf einer dieser Tagungen berichtete er mir : „Ach, wissen Sie, ich bin gerade zum Rektor vom

Campo Santo in Rom ernannt worden." Das ist ein Kolleg für Priester, die weiterhin wissenschaftlich arbeiten wollten. Ob ich nicht zu ihm kommen wolle?

Inzwischen gab es auch einen neuen Bischof, der wegen des Konzils ohnehin gerade in Rom war. Gugumus sprach ihn an und legte ein Wort für mich ein, damit ich von meiner Stelle als Seelsorger beurlaubt werden konnte. Zum Wintersemester 1964 kam ich nach Rom. Dort verbrachte ich zwei großartige Jahre.

Was machte den Vatikan, auf dessen Gebiet der Campo Santo liegt, so großartig?

In der Zeit des Konzils herrschten ein intensives Leben und eine geistige Auseinandersetzung auf höchstem Niveau. Jede römische Institution – kirchlich oder weltlich – lud zu Vorträgen und Empfängen ein. Dadurch war man selbst als Doktorand mitten in dieser lebhaften geistigen Auseinandersetzung. Und die Bischöfe waren dort auf einmal ganz normale Menschen: In ihrer Heimat residierten sie wie die Könige – in Rom gab es jetzt 2000 von ihnen.

Worüber forschten Sie genau?

Über die Geschichte der Antoniter im Spätmittelalter, besonders über deren Niederlassung in Memmingen. Meine Hauptarbeit fand im Archiv statt, an den sogenannten Registerbänden. Diese hatte die Kurie in Rom einst eingeführt, um eine Dokumentation ihrer Entscheidungen zu erstellen. Das waren handschriftlich erstellte Kopien, abgeschrieben auf Pergament. In Bänden von 150 bis 300 Blatt wurden sie schließlich zusammengebunden. Aus wissenschaftlicher Sicht bedeuten die Bände heute eine unschätzbare Quelle, in denen etwa zehnmal so viel vorhanden ist wie in den Empfängerländern. Für meine Promotion war dieses Material jedenfalls absolut essenziell. Zurück in München machte ich mich an die Schlussfassung: Hier und da noch etwas Recherchen in der LMU-Bibliothek, in der Staatsbibliothek und noch einige Nachforschungen im Archiv in Memmingen. Im Jahr 1968 war ich dann fertig und wurde kurz vor Weihnachten promoviert.

Wie lief die Promotion ab?
Sie lief ab wie im Mittelalter! Die Professoren kamen in Talaren, der Rector Magnificus zog mit Rektoratszepter und Kerzen ein. Dann musste man mit zwei Professoren disputieren, einer davon der Doktorvater, der andere aus einem entgegengesetzten Fach. Promovierte jemand in einem historischen Fach, kam der zweite Profes-

sor aus einem systematischen. Zuvor hatte man zu den Inhalten der einzelnen acht theologischen Fächer Thesen aufstellen müssen, über die sich ernsthaft diskutieren ließ – und von denen man wusste, dass die Antworten auch in der Forschung kontrovers ausfielen. Die beiden Professoren wählten meistens zwei davon aus. Ein weiterer Rest der mittelalterlichen Promotion war die Antrittsvorlesung, die auf Latein gehalten wurde. Aber es war üblich, dass man nur die ersten Sätze vortragen musste. Dann erst gab es den Mantel und den Doktorhut.

Was war ihr persönlicher Nutzen der Promotion?

Zunächst einmal gar keiner. Ich meldete mich bei der Diözese zurück und die Leitung bot mir eine Pfarrei an, ganz im Norden, nicht weit von Ingolstadt. Mit meiner Haushälterin, das war damals in der Seelsorge ganz normal, fuhr ich zur Besichtigung. Da wurde diese ebenso fromme wie genügsame Frau plötzlich ganz resolut: „Nein, so etwas nehmen wir sicher nicht!" Dem hatte ich nichts hinzuzufügen – das alles war schon eine wenig durchdachte Sache. Man schickt doch niemanden zum Weiterstudium, um ihn dann wieder in eine kleinere Bauernpfarrei ohne jegliche akademischen Aufgaben einzusetzen. Ich ging daher erst einmal auf Kur.

Als ich zurückkam, rief mich ein Domkapitular an. Am Marktoberdorfer Gymnasium sei die Stelle eines Religionslehrers frei. Ich zweifelte etwas, weil ich es für sehr anspruchsvoll hielt, Jugendlichen Theologie nahezubringen. Da sagte der Domkapitular: „Ach was, das packst Du schon – die wollen doch nur diskutieren." Kein Wunder, inzwischen lief das Schuljahr 1968/69, eine Zeit, in der Schüler Mitbestimmung und Diskussionen geradezu für ihr Recht hielten. Mit diesem Gymnasium hatte ich großes Glück: Alles war noch sehr neu, ich hatte viele junge Kollegen und der Direktor war ebenfalls noch jung. Ihm verdanke ich es übrigens, dass ich bald auch ein Fach aus meinem Studium unterrichten konnte: Geschichte. Eine Referendarausbildung hatte ich zwar nicht. Die „Einführung in den Religionsunterricht", die für jeden Geistlichen obligatorisch war, hielt man offenbar für ausreichend. Der Direktor schickte mich in die Mittelstufe. Er machte auch einen Unterrichtsbesuch und schrieb eine gute Beurteilung. Damit galt das Referendariat als nachgeholt.

Heute ist es weniger einfach.

Die Mentalität ist einfach eine andere. Heute ist der Unterricht viel raffinierter gestaltet. Die Schule befindet sich in einer ständigen Reform. Auf dem Land herrschte in den 1960er-Jahren regelrechter Bildungsnotstand, man brauchte schlicht Lehrer. Der politische Plan war, aus all den kleinen Dörfern das geistige Potenzial herauszuholen. Die Schüler, die ich unterrichtete, kamen überwiegend nicht aus Akademikerfamilien. Umso lernbegieriger waren sie. Es war wirklich faszinierend, wie die Kinder aus der sogenannten bildungsfernen Schicht das Gymnasium als eine Riesenchance betrachteten. Ich erinnere mich an einen Jungen, der aus einem entlegenen Weiler kam. Dessen erste Fremdsprache war Deutsch – und dann stellte er sich als echtes Mathematikgenie heraus. Ohne Schulbusse und ohne Gymnasium außerhalb der großen Städte hätte er sein Leben auf dem Bauernhof verbracht.

Gelebte Ökumene

Wie kam es im Jahr 1971 zum Angebot, ans Grafinger Gymnasium zu wechseln?

Damals herrschte die Regel, dass man als Priester ohne Amt nicht in der gleichen Diözese bleiben durfte, in der man vorher gearbeitet hatte. Letzteres war bei mir der Fall – ich hatte geheiratet. Dass Grafing für mich bestimmt wurde, freute mich. Das Ordinariat hätte auch einen anderen Ort auswählen können, weiter entfernt von München. Vielleicht lag es daran, dass mich der damalige Generalvikar noch vom Konzil her kannte. Er war damals Sekretär von Kardinal Döpfner.

Mit welchen Vorstellungen und Erwartungen kamen Sie her?

Mit nichts Konkretem, aber natürlich einer gewissen Neugier, was ich hier wohl vorfinden würde. Der ehemalige Grafinger Religionslehrer Karl Flurer half mir und meiner Frau beim Ankommen sehr viel. Wir brauchten erst einmal eine Wohnung. Obwohl auf dem damaligen Wohnungsmarkt weniger Druck war als heute, taten wir uns sehr schwer. Zwei getrennte Arbeitszimmer waren notwendig, damit jeder sein kleines Reich haben konnte mit allen Unterlagen und Büchern. In Aßling wurden wir schließlich fündig und verbrachten dort die ersten Jahre. Über einen Makler fanden wir dann ein Grafinger Haus. Das lag näher an unserer Arbeitsstelle.

Konnten Sie am Grafinger Gymnasium gleich all ihre Fächer unterrichten?

Ich wurde zunächst als Religionslehrer eingeteilt, aber musste zusätzlich auch eine Englisch-Klasse übernehmen. Das Einzugsgebiet des Grafinger Gymnasiums war sehr groß: Das ganze Umland gehörte sowieso dazu. Aber selbst in Vaterstetten mussten sich die Schüler noch entscheiden, ob sie lieber nach Grafing oder nach Haar aufs Gymnasium gehen wollten. Die Schule platzte mit inzwischen 1500 Schülern aus allen Nähten. Man war froh, als das Gymnasium in Vaterstetten fertig war.

Vergleichen Sie doch mal die Grafinger Schüler mit jenen, die sie aus Marktoberdorf kannten.

In Marktoberdorf kamen die Schüler meistens direkt vom Dorf. Hier in Grafing waren sie auch aus Orten wie Ebersberg oder Vaterstetten. Einen wirklich großen Unterschied stellte ich aber nicht fest: Die meisten waren sehr wissbegierig und man konnte gut mit ihnen auskommen. Nur einmal war es anders, das muss eine zwölfte oder dreizehnte Klasse gewesen sein. Das waren ein paar verspätete „68er". Die wollten absolut nicht lernen, haben Schwierigkeiten gemacht, wo sie nur konnten und den Unterricht teilweise regelrecht lahmgelegt. Wenn dort die Stunde zu Ende war, war man als Lehrer wirklich froh.

Wie lief ihr Anschluss an die Kirchengemeinden?

Ich ging natürlich zuerst einmal zum zuständigen Pfarrer, um mich vorzustellen. Das war damals Pfarrer Norbert Klug, der noch nicht lange im Amt und für Neues aufgeschlossen war. Er bewog mich dazu, für den Pfarrgemeinderat zu kandidieren. Durch die Schule ist man schnell bekannt, also wurde ich prompt hineingewählt. Meine Frau und ich riefen dann einen Arbeitskreis ins Leben, der sich mit anspruchsvollen theologischen Themen befasste. Es war nach dem Konzil und kurz nach der Liturgiereform, die Zeit der Synode in Würzburg von 1971 bis 1975. Religiöse Fragen standen viel mehr im Blickpunkt der Öffentlichkeit als das heute der Fall ist.

Bald bat mich Pfarrer Klug, ob ich mich nicht um den gerade erst ins Leben gerufenen Ökumene-Abend kümmern könne. Obendrein gab es ein

Bibelgespräch. Pfarrer Klug fragte mich, ob ich das nicht ebenfalls übernehmen könne. Ich schlug vor, dass man doch anstelle des konfessionellen Bibelgesprächs ein ökumenisches Bibelgespräch anbieten könnte. Pfarrer Klug war damit genauso einverstanden wie der evangelische Pfarrer Johannes Seiß. Beide Diskussionsplattformen laufen bis heute.

Woran lag es, dass der ökumenische Gedanke in dieser Stadt schon so früh gelebt wurde?

Es gab in Grafing ein sehr großes Publikum von theologisch-religiös-spirituell Interessierten. Das ökumenische Leben war aber trotzdem alles andere als einfach: Wir wollten als Versammlungsort nicht in eine Kirche oder einen Pfarrsaal, sondern an einen neutralen Ort. Denn auch Besucher, die mit der Kirche nicht so viel zu tun hatten, sollten problemlos kommen können.

Damals besaß die Stadt Grafing den sogenannten Kulturraum im ersten Stock im Gebäude neben dem Stadtmuseum. Er war nicht größer als ein Wohnzimmer. Als Abt Odilo Lechner als Referent kam, stand man die Treppe hinunter – und wir hatten noch nicht einmal einen Lautsprecher. Wir waren heilfroh, als das Kino in der Grenzstraße zur Stadtbücherei umgebaut wurde und wir sie für unsere Veranstaltungen nutzen konnten.

Warum messen sie der Ökumene eine derartige Bedeutung bei?

Ich habe schon im Krieg in den verschiedensten Diskussionen gemerkt: Menschen, die keine Nazis waren, waren im Allgemeinen gläubige Christen. Wenn man mit ihnen redete, ganz gleich, ob sie nun katholisch oder evangelisch waren, befand man sich sofort auf einer Wellenlänge. Jedenfalls passte das überhaupt nicht zu der damaligen Spaltung der Kirche. Man fragte sich unweigerlich: Was sollte diese Trennung? Nach dem Krieg, es muss wohl im Jahr 1946 gewesen sein, besuchte ich einen Vortrag des Jesuitenpaters Ludwig Esch. Er sprach zu dem Thema „Die Aufgaben der deutschen Katholiken heute". Mir haben sich zwei Punkte besonders eingeprägt. Erstens: Sie müssten europäisch denken. Zweitens: Sie müssten im Geiste der Una Sancta denken. Damals war das Wort „Ökumene" noch nicht im allgemeinen Sprachgebrauch. Diese Ausführungen bestätigten mich sehr in dem, was ich im Krieg gefühlt habe: Dass man sich viel näher ist, als man gemeinhin annahm. Das zeigten später auch die Ökumene-Debatten in Grafing.

Wo zeigt sich diese Nähe?

Ein Beispiel ist die Bibelauslegung, ein anderes die Liturgie. Jene der Lutheraner oder der Orthodoxen ist der römisch-katholischen sehr nah. Das ist ein Zeichen, dass in den zentralen Glaubensaussagen mehr verbindend als trennend ist.

Aber warum wurde dann in den vergangenen Jahrzehnten vor allem die Trennung betont?

Es hat sich doch alleine in meiner Lebenszeit unglaublich viel zum Positiven geändert. Vor 30 Jahren noch wäre es undenkbar gewesen, dass die deutschen katholischen und evangelischen Bischöfe zusammen eine Wallfahrt ins Heilige Land machen und dort die einzelnen Stätten besuchen und jeden Tag – wenngleich noch nicht mit gemeinsamer Eucharistie und Abendmahl – einen Gottesdienst zusammen feiern. Es wäre auch vor 30 Jahren unvorstellbar gewesen, dass der Papst zu einem 500-jährigen Reformationsgedenken nach Lund in Schweden reist und dort mit den Vertretern des Lutherischen Weltbunds dessen 50-jähriges Bestehen mit einem ökumenischen Gottesdienst feiert. Diese Entwicklung habe ich über all die Jahre auch in Grafing feststellten können. In den allermeisten Fällen waren die Pfarrer der beiden Kirchen der Ökumene gegenüber absolut aufgeschlossen, ja haben sie sogar aktiv vorangetrieben. Pfarrer Axel Kajnath war da ein besonderer Glücksfall: Schon im ersten Jahr in Grafing lud er mich als katholischen Theologen ein, am Reformationsfest die Predigt zu halten. Da hat man schon gemerkt, wie ökumenisch er denkt und fühlt. Außerdem kam es unter Pfarrer Norbert Klug in Übung, dass einmal im Monat Pfarrer Axel Kajnath in der Samstagabendmesse predigte. Oder bei der Erstkommunion und Konfirmation jedes Mal vom jeweils anderen Pfarrgemeinderat ein Grußwort gesprochen wird. An solchen Beispielen sehen wir, wir sind schon sehr, sehr viel weiter, als viele meinen. Und diese ökumenische Grundhaltung setzt sich in Grafing bis auf die Ebene der einfachen Gemeindemitglieder fort.

Aber jetzt kommt man ja erst an die wirklich dicken Bretter. Wo sich die beiden Kirchen annähern konnten, haben sie sich doch inzwischen angenähert.

Ja, die richtig harte Arbeit beginnt jetzt erst. Ein Problem ist noch immer die Amtsfrage, an der wiederum das Verständnis von Eucharistie und Abendmahl hängt. Es bleibt nichts anderes übrig, als theologisch weiterzuarbeiten und weiterzudenken und die Ergebnisse auch zu rezipieren. Wenn sich diese Entwicklung forstsetzt, bin ich optimistisch. Grundsätzlich müsste in eine Richtung gedacht werden. So, wie das bereits innerhalb der katholischen Kirche der Fall ist: Es gibt römisch-katholisch, griechisch-katholisch, dann die vielen altorientalischen Kirchen wie die Chaldäer. Sie haben ihr eigenes Kirchenrecht, ihre eigene Liturgie und auch ihre eigene Spiritualität – aber sie erkennen den Papst an.

Aber wie realistisch ist es, dass die evangelische Kirche den Papst anerkennt?

Natürlich muss man dazu über das Papsttum sprechen. Aber wer sagt denn, dass die Rolle des Papstes unveränderbar sei? Es ist ja nicht so, dass die Rolle über die Jahrhunderte immer exakt die gleiche war. Da sehe ich schon einen gewissen Spielraum: Papst Paul VI. sagte einmal etwas überspitzt, dass er selbst das größte Hindernis für die Ökumene sei. Papst Johannes Paul II. äußerte in seiner Ökumene-Enzyklika von 1995, er sei sich völlig im Klaren darüber, dass die jetzige Form des Papsttums geändert gehöre. Er brauche dazu aber auch die Hilfe der nicht-katholischen Kirchenführer und Theologen. Und der aktuelle Papst stellte klar: „Ich bin der Bischof von Rom.“

Eine neue Interpretation des Papstamtes könnte die Tür für eine neue Ebene einer Gemeinschaft der christlichen Kirchen öffnen, sagten Sie einmal?

Ja. Leider wurden in der Vergangenheit auch manche Anregungen, die hätten weiterführen können, nicht aufgegriffen. Der frühere Landesbischof Friedrich erklärte einmal, er könnte sich vorstellen, den Papst als Sprecher – nicht als Chef – der Christen anzuerkennen. Das wurde aber von seiner Kirche ohne Diskussion abgelehnt.

Dennoch bleibt der Dialog unersetzlich. Wenn die Entscheidungsträger miteinander reden, lernen sie sich kennen. Nur über diesen Dialog kommt man sich näher, nur so könnte langsam etwas zusammenwachsen. Im Anschluss an ein Gespräch herrscht doch nie die gleiche Situation wie vor dem Gespräch. Das große Problem der christlichen Kirche ist allerdings zurzeit nicht die Ökumene. Das ist vielmehr die Tatsache, dass immer weniger Menschen mit der Botschaft Christi etwas anfangen können.

Wie meinen Sie das?

Einmal haben die Menschen heute oft zu viele Angebote und können schlecht etwas aussortieren. Wichtige Erkenntnisse, die ein Menschenleben so mit sich bringt, entstehen aber doch im Kontrast dazu in der Entschleunigung. Ein zweiter Grund ist sicherlich der Wohlstand: Wem es gut geht, der hat – zumindest auf den ersten Blick – weniger Grund zum Beten. Und dann ist es auch noch eine Frage der Sprache der Kirche. Dieser bisweilen altmodische kirchliche Jargon macht es in der Moderne enorm schwierig, Begeisterung auszulösen.

Aber es gab nie einen Papst wie Papst Franziskus, dem selbst säkulare Kreise eine solche Begeisterung entgegenbrachten.

Das hat auch gute Gründe: Denken Sie an dessen erste „Auslandsreise", die ihn nach Lampedusa führte. Dort predigte er in einem Hochsicherheitsgefängnis und wusch einer Muslima die Füße. Er ist einer, der über die Art und Weise des Handelns auch in solchen gesellschaftlichen Kreisen wahrgenommen wird, die der Kirche üblicherweise weniger Interesse entgegenbringen. Das zeigt doch, dass die Menschen Hunger haben nach Sinn, nach dem Sinn des Lebens. Die Kirche muss ein Sinnangebot vermitteln – befreit von der Sprache Kanaans. Und sie muss natürlich auch das Gespräch mit den modernen Naturwissenschaften suchen.

Versöhnungsdienst

Gibt es nach 98 Jahren so etwas wie eine grund-
legende Erkenntnis vom Leben?

Erstens müssten wir auf ein rücksichtsvolle-
res, aufeinander achtendes Zusammenleben viel
größeren Wert legen. Dazu gehört auch der Ausgleich von Benachteiligungen. Sie vollends zu
eliminieren wird freilich nicht möglich sein. Jemand, der in unserem Umfeld aufwächst bringt
zum Beispiel einen völlig anderen Zugang zu Bildung mit als ein Migrant. Denn dieser muss erst
einmal die Sprache lernen, damit er am gesellschaftlichen Leben überhaupt teilhaben kann.
Aber wir müssen versuchen, so nah wie möglich
an eine echte Chancengleichheit zu gelangen.

Zweitens: Es ist entscheidend, dass wir Menschen menschlich bewerten, dass wir Fehlverhal-
ten milder beurteilen. Was wir sehen können, ist
nur das äußere Verhalten. Wie es dazu kam, wel-
ches Unrecht jemandem womöglich angetan
wurde, was an Benachteiligung passierte – das
wissen wir gar nicht! Ich habe große Zweifel, ob
sich die Schwere einer Tat selbst für Gutachter
und Sachverständige treffend definieren lässt.

Warum richtet der Mensch trotzdem?

Es mag an der mangelnden Einsicht liegen, dass der Mensch gar nicht richten kann: Die Öffentlichkeit sieht lediglich ein Verhalten, das nicht ihren Vorstellungen oder den Vorstellungen des Gesetzes entspricht – und richtet. Bei Fragen der Gesundheit oder Krankheit ist das ähnlich, wie ich es regelmäßig erlebe. Leute sagen zu mir: „Sie haben doch sicher auch etwas für ihr Alter getan?" Natürlich kann ich nicht völlig unvernünftig leben, Übergewicht mit mir herumtragen und mich ständig betrinken. Solche Fragen sind aber immer auch Versuche, für alle Dinge und Zusammenhänge Ursachen zu finden. Der Mensch will alles erklären können. Trotzdem merkt er irgendwann, dass es Fragen gibt, auf die er von alleine keine Antworten findet.

Für diese Fragen gibt es die Religionen?
Sie sind keine Antwortmaschinen für offen gebliebene Fragen. Zumindest aber liefern sie Erklärungsansätze. Das Verlangen nach Erklärungen stößt bei Religionen an seine Grenzen. Paulus sagte sinngemäß: Es braucht einen vernünftigen Glauben. Joseph Ratzinger versuchte immer wieder darzulegen, dass sich Glaube und Vernunft nicht ausschließen. Um näher an Antworten zu kommen, muss man Gott jedoch ernst nehmen und sozusagen auch ein bisschen be-

obachten. Es ist ja nicht so, dass sich irgendwann einmal jemand den Glauben ausdachte: Die Israeliten konnten auf zunächst unerklärbare Weise durch das Meer fliehen. Aber dabei wurden doch keine Naturgesetze durchbrochen! Der Wind stand günstig und der Wasserstand war niedrig.

Und Ihr ganz persönlicher Zugang zum Glauben, welcher war das?
In gewisser Weise wurde er mir in die Wiege gelegt. In meiner Familie spielten Religion, Glaube und Kirche eine zentrale Rolle. Aber gerade im Krieg bewahrte mich etwas vor einem ganz anderen Verlauf: Auf dem Rückzug aus Südfrankreich zum Beispiel fuhren wir durch das Rhônetal. Wegen der ständigen Angriffe der Résistance, ließ ich tagsüber die Türen meines Fahrzeugs aushängen, um möglichst schnell in Deckung – meist in den Straßengraben – springen zu können. Nach Mitternacht wurde es aber richtig kalt. Also hielten wir an und hängten die Türen wieder ein. Nur ein paar hundert Meter weiter fuhren wir auf eine Mine. Die Tür – mit leichter Panzerung und dann dickem Holz – war voller Splitter. Niemals hätten wir mit ausgehängter Türe überlebt!
Im Sommer 1944 gab es eine ähnliche Situation: Wir gerieten am Bahnhof in Stolberg bei

Aachen in einen Luftangriff und rannten in ein kleines Wäldchen. Dieses Wäldchen wurde aber immer wieder von Jagdbombern angegriffen. Ich lag dort neben einem Feldwebel aus meinem Stab. Dann packte er mich am Arm und zog mich ein paar Meter weiter – ich hatte einen verletzten Fuß. Sekunden später explodierte hinter uns in den Baumwipfeln eine Splitterbombe. Dort, wo wir vorher Deckung gesucht hatten, waren alle tot oder grässlich verstümmelt. Beide Male, im Rhônetal und dort am Stolberger Bahnhof, habe ich gemerkt: Da passt jemand auf mich auf. Da gibt es einen Grund, warum ich auf der Welt bin und das ganz offensichtlich auch bleiben sollte.

Was glauben Sie, welcher war das?
Mitzuarbeiten an der Versöhnung. Etwa bei der Ökumene, bei der deutsch-französischen Freundschaft oder bei persönlichen Anlässen im Familien- und Freundeskreis.

Welche Pläne hat man noch mit fast 100 Jahren?
Große Pläne habe ich nicht mehr – ich bin zutiefst dankbar für ein aufregendes, interessantes und langes Leben. In der kurzen, ja vielleicht sehr kurzen Zeit, die mir vielleicht noch beschieden ist, möchte ich weiter daran arbeiten, Ver-

ständnis füreinander zu erzeugen, sei es zwischen Menschen, zwischen Konfessionen oder zwischen Ländern.

Und was ist nun der Sinn des Lebens?
Einen Punkt haben wir bereits angesprochen, den Einsatz für die Versöhnung. Der zweite ist der Einsatz für die Gerechtigkeit, übrigens ein großes Thema schon im ganzen Alten Testament. Eklatante Ungerechtigkeit regt mich zutiefst auf! Trotzdem herrscht auf unserer Welt noch immer große Ungerechtigkeit. Wir dürfen nicht müde werden, gegen sie anzukämpfen!

Die Gespräche zu diesem Buch fanden im ersten Halbjahr 2018 statt.